AF596935

MANUEL
THÉORIQUE ET PRATIQUE
DE
TÉLÉGRAPHIE
A L'USAGE
DE L'ARMÉE

PAR

JULES PELLEGRIN

Lieutenant au 36e, Professeur à l'École normale de Gymnastique,
Chevalier des Ordres de St-Michel et de Wasa.

CET OUVRAGE NE SE VEND PAS

PARIS. — IMPRIMERIE ET LIBRAIRIE MILITAIRES DE BLOT,
Rue de Rivoli, 58, près l'Hôtel-de-Ville.

1862

TABLE DES MATIÈRES.

AVANT-PROPOS.

A toutes les époques, tribus, peuplades, nations, ont eu recours à certains signaux propres à les faire communiquer à des distances plus ou moins grandes. Bientôt les progrès de la civilisation, les relations commerciales établies entre les pays, rendirent insuffisants ces moyens particuliers, et la *télégraphie* devint une science plus complète.

La marine a possédé, la première, un *Code nautique*.

Malgré l'application de l'électricité à la télégraphie, et les divers essais tentés pour trouver un mode de correspondance s'exécutant avec les objets dont on dispose à la guerre, nul système n'a encore été adopté pour l'Armée.

Aujourd'hui le problème paraît résolu. Un Américain, M. Swaim, après de persévérantes expériences, a fixé les bases d'une langue télégraphique commune aux armées de terre et de mer, et de la logique la plus rigoureuse.

Son système, simple et méthodique, a trois avantages principaux :

Le premier, de faire de tout objet un moyen de transmission ;

Le deuxième, de s'adapter à la télégraphie électrique ;

Le troisième, de pouvoir être d'un usage général, puisqu'il suffit d'une légère mutation dans les signaux, pour changer l'interprétation des dépêches.

Une étude approfondie du mécanisme des procédés employés et des expériences personnelles nous ont suggéré l'idée de résumer plus spécialement pour l'armée le travail très-complet de M. Swaim.

Notre ouvrage se divise en deux parties :

La première partie traite des modes de correspondance les plus pratiques et de quelques autres moyens de communicaiion pouvant, à l'occasion, être utilisés avec succès.

La deuxième partie comprend l'écriture télégraphique des *mots*, des *nombres*, des *temps des verbes*, etc.; des exemples de correspondance choisis à dessein parmi les phrases les plus difficiles à exprimer; toutes les dispositions concernant la composition des postes télégraphiques, et un *tableau indicateur de dépêches* qui permet, avec la seule connaissance des signaux en usage, de correspondre avec la plus grande facilité. Enfin notre travail se termine par un vocabulaire renfermant la valeur télégraphique des mots les plus usuels et des expressions techniques de l'art militaire.

TÉLÉGRAPHIE MILITAIRE

PREMIÈRE PARTIE

BASE DU SYTÈME

1. Si l'on imagine trois points à égale distance l'un de l'autre, et si, sur chacun de ces trois points, on place successivement, en allant de droite à gauche, deux objets de grandeur différente destinés à représenter :

Le premier, un groupe de trois chiffres comprenant les caractères de la numération

1 2 3
. . .

Le deuxième, un autre groupe également de trois chiffres comprenant les caractères

4 5 6
. . .

on aura la *base du système*. En sorte qu'il suffira, pour obtenir la valeur d'un de ces chiffres, d'apercevoir l'un des deux objets sur l'un des trois points.

Par exemple, le plus petit des deux objets, placé sur le point central, représentera le chiffre 2; le plus gros, placé sur le point gauche, représentera le chiffre 6, et de même pour les autres chiffres suivant le groupe auquel ils appartiennent.

PREMIER CHAPITRE

Modes de correspondance à l'usage des troupes en campagne

PREMIER MODE

Correspondance au moyen de six hommes

1° CORRESPONDANCE PENDANT LE JOUR.

1. Dans ce mode de correspondance, on place d'abord trois hommes sur un rang, à quatre pas d'intervalle les uns des autres (cet intervalle doit clairement s'apercevoir); puis, à deux pas derrière ceux-ci, trois autres. Ceci fait, on donne aux hommes du 1er rang les numéros **1**, **2**, **3**
et à ceux du 2e rang, **4**, **5**, **6**

On fixe ensuite au bout des fusils des hommes du premier rang représentant le premier groupe de chiffres, un objet quelconque, comme une casquette, un mouchoir, un petit drapeau, etc., et au bout des fusils de ceux du deuxième rang représentant le deuxième groupe, une veste, un habit ou une capote dans les manches de laquelle on introduira la baguette du fusil, afin de donner plus d'ampleur au vêtement.

3. A défaut de gros objet, l'on représente les chiffres du deuxième groupe au moyen de deux objets de même dimension.

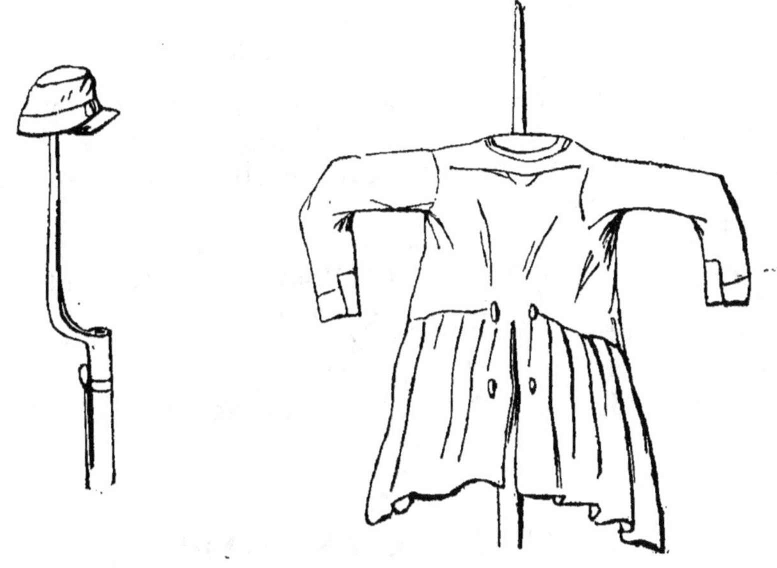

2° CORRESPONDANCE PENDANT LA NUIT.

4. La nuit, on fixe au bout des fusils des lanternes en papier huilé ou d'une autre nature, et de grosseur ou de couleur différente suivant le groupe de chiffres. On place ensuite à quelques pas à la droite du premier rang une lanterne fixe complémentaire destinée à indiquer le lieu de la station.

A défaut de lanternes de grosseur différente, l'on exprimera, comme plus haut, le deuxième groupe de chiffres au moyen de deux lanternes de même dimension.

Dans les deux cas les hommes seront groupés comme l'indique la figure suivante :

4	5	6
.	.	.
.	.	.
1	2	3

Manière de faire les signaux.

5. Pour signaler un chiffre, on ordonne à l'homme qui le représente d'*élever* son fusil le plus haut possible devant lui, et d'attendre dans cette position le commandement d'*abaissez*.

Si l'on a plusieurs signaux à faire simultanément, on ordonne aux hommes représentant les chiffres que l'on veut signaler, d'*élever* ou d'*abaisser*.

Par exemple, pour signaler les chiffres 1, 2, 3, on commande : **1** , **2** , **3** *élevez*,
et ensuite **1** , **2** , **3** *abaissez*.

DEUXIÈME CHAPITRE

DEUXIÈME MODE

Correspondance au moyen d'un seul homme.

1° CORRESPONDANCE PENDANT LE JOUR.

---

6. A défaut du nombre d'hommes nécessaires pour téllégraphier, on correspondra à l'aide d'un *seul homme*. Le moyen est plus simple et n'exige que deux objets de grosseurs différentes, mais dont la couleur variera avec le fond devant lequel on sera placé (1).

(1) Dans ce mode de correspondance, des disques en papier ou en toile seront du meilleur usage.

Ainsi, l'on emploie devant un fond sombre, ie blanc; devant un fond clair, le rouge ou le noir.

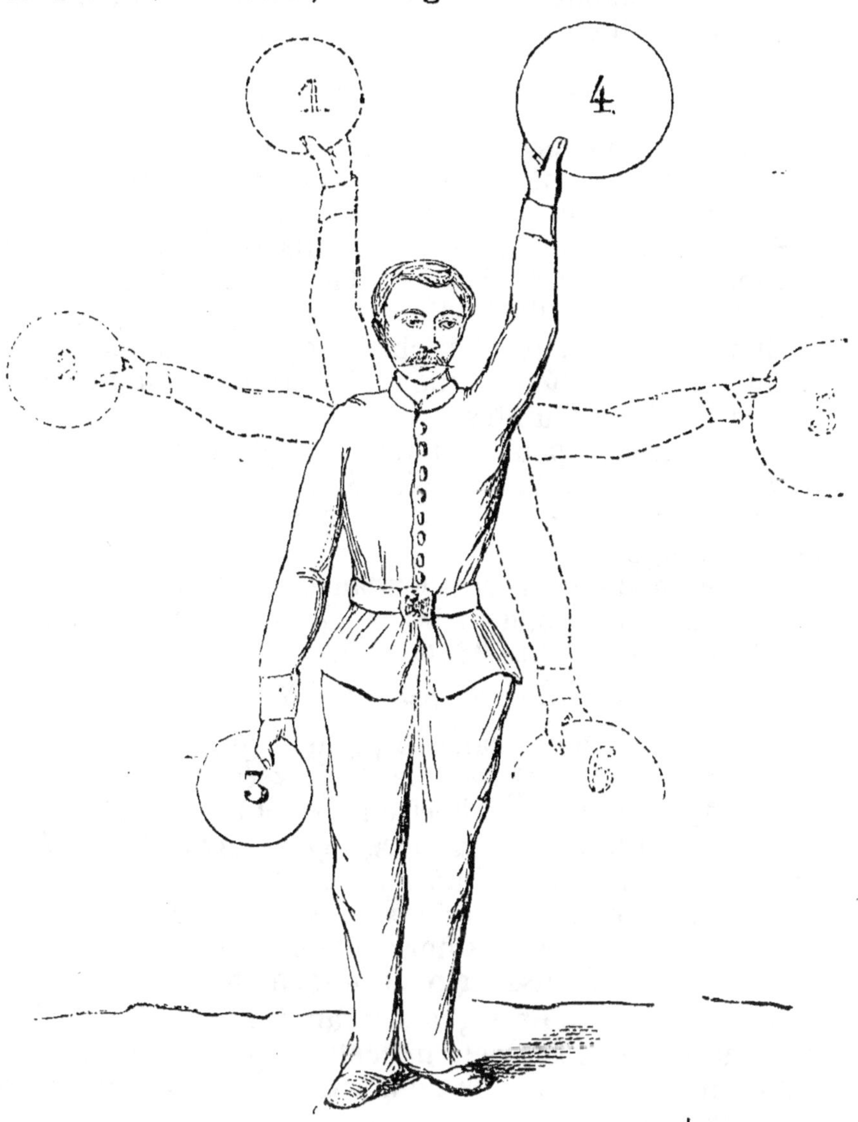

1.

7. Comme il peut arriver qu'aux grandes distances les signaux se confondent, on fixera les objets à l'extrémité de bâtons de longueur différente.

2° CORRESPONDANCE PENDANT LA NUIT.

8. La nuit, on sert de lanternes, et l'on place à la ceinture de l'homme une lanterne complémentaire qui indique le lieu de la station télégraphique.

Si l'on n'a qu'une lanterne à sa disposition, on désigne le premier groupe de chiffres à l'aide d'une face blanche, et le deuxième, à l'aide d'une face rouge. Dans ce cas, on indique la valeur d'un chiffre en montrant et en cachant successivement l'une ou l'autre face autant de fois que ce chiffre a d'unités.

Par exemple, pour signaler le chiffre 2, on montre deux fois de suite la face blanche.

Pour signaler le chiffre 6, on montre trois fois de suite la face rouge.

9. Ce mode de correspondance a été employé avec beaucoup de succès, dans les expériences qui ont été faites en Suisse, en octobre 1860.

Manière de faire les signaux.

10. On représente dans le premier groupe les chiffres

1, en élevant le bras droit verticalement;

2, en le plaçant horizontalement;

3, en le laissant pendre légèrement sur le côté;

et dans le deuxième groupe, les chiffres

4, en élevant les deux bras verticalement;

5, en les plaçant horizontalement;

6, en les laissant pendre légèrement sur le côté,

seulement dès qu'un signal est fait et répété, il faut avoir soin de cacher les objets indicateurs. Sans cette précautino, on confondrait les signaux, et l'on aurait de fréquentes erreurs.

TROISIÈME CHAPITRE

TROISIÈME MODE

Correspondance à l'aide d'un mât

11. Lorsque la position des postes sera périlleuse, l'on correspondra à l'aide d'un mât.

A cet effet, l'on établira en avant du mât un petit abri. On assujettira ensuite à la partie supérieure du mât, et de chaque côté, deux poulies sur lesquelles on engagera deux cordes. A l'une de ces cordes sera fixé un objet apparent, comme un mouchoir, un petit ballon, etc., pour le premier groupe de chiffres, et à l'autre corde, sera attaché de même un objet de plus grande dimension pour le deuxième groupe.

Manière de faire les signaux.

12. Pour signaler un chiffre, on fera glisser le long du mât l'une des deux cordes et on placera l'objet indicateur, sur le haut, au milieu ou à la partie inférieure du mât.

Comme on le voit, le moyen mécanique est semblable au précédent.

13. La nuit, on placera une lanterne à la partie supérieure du mât, et l'on substituera aux deux objets deux lanternes de grandeur différente ou de même grandeur; mais, dans ce dernier cas, on signalerait les chiffres du deuxième groupe, en faisant glisser simultanément les deux lanternes le long du mât.

14. Ce mode a l'avantage d'éviter tout danger et d'être applicable à bord des navires.

Remarque.— Comme il est essentiel d'apercevoir distinctement les deux objets et les trois points, il est nécessaire d'avoir une lunette pour les grandes distances.

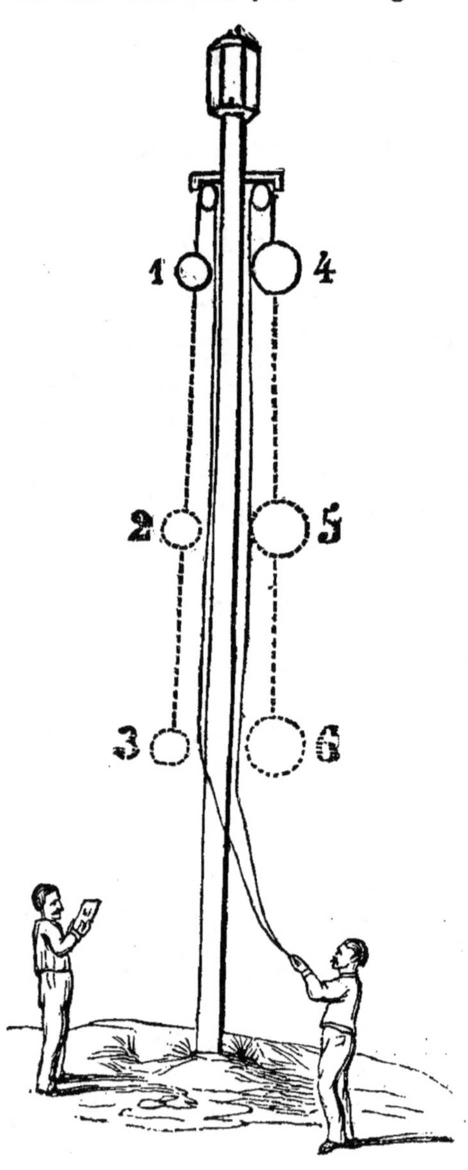

QUATRIÈME CHAPITRE

—

Autres modes de correspondance

—

15. Il est bon, en campagne, d'avoir à sa disposition quelques modes particuliers de correspondance qui permettent de transmettre avantageusement une dépêche que la nature des lieux ou l'état de l'atmosphère ne permettrait pas d'envoyer par les moyens précédents.

Dans ce cas on se servira avec succès de *trompettes* ou de *clairons*, de *sifflets à vapeur*, de *tambours*, de *cloches d'église*,de *coups de fusil*,etc.,et l'on représentera, dans ces différents modes, les chiffres

1, 2, 3, par des *sons brefs* (petit objet) ;
4, 5, 6, par des *sons prolongés* ou *en doublant les sons brefs* (gros objet).

Seulement l'émission des sons devra toujours être très-rapprochée, quand on aura à signaler les chiffres 2 et 3, 5 et 6 ; sans cette attention le correspondant confondrait les signaux et prendrait les chiffres 2 et 3 pour le chiffre 1 deux ou trois fois répété, ou les chiffres 5 et 6 pour le chiffre 4 deux ou trois fois répété.

1e CORRESPONDANCE AU MOYEN D'UNE TROMPETTE, D'UN CLAIRON OU D'UN SIFFLET A VAPEUR.

On exprime les chiffres

1, par un son bref; .
2, par deux sons brefs; . .
3, par trois sons brefs; . . .
4, par un son prolongé; —
5, par deux sons prolongés; — —
6, par trois sons prolongés. — — — (1)

(Les points indiquent graphiquement les sons brefs, et les traits, les sons prolongés).

2° CORRESPONDANCE AU MOYEN D'UN FUSIL, D'UN TAMBOUR OU D'UNE CLOCHE D'ÉGLISE.

On indique

1, par un coup; .
2, par deux coups; . .
3, par trois coups; . . .
4, par deux coups très-rapprochés; ..
5, par deux fois deux coups très-rapprochés; .. ..
6, par trois fois trois coups très-rapprochés; ... ...

Ce mode de correspondance présente plus qu'aucun autre des difficultés d'exécution.

3° CORRESPONDANCE AU TRAVERS D'UNE MURAILLE.

16. Il peut arriver que deux prisonniers placés dans des chambres contigues aient besoin de se concerter dans l'intérêt d'un interrogatoire individuel.

---

(1) Ce mode d'écriture par points et par lignes, qui permet d'appliquer le système à la télégraphie électrique, a été imaginé, en 1829, par M. Swaim, quelques années avant le télégraphe Morse.

Quand le silence sera assez grand pour permettre la distinction parfaite des sons, chaque homme placera une oreille contre le mur de séparation, et correspondra, avec son voisin, à l'aide de coups représentant les chiffres 1, 2, 3, et de grattements représentant les chiffres 4, 5, 6.

Ainsi l'on exprimera :

1, par un coup;
2, par deux coups rapprochés;
3, par trois coups rapprochés;
4, par un grattement;
5, par deux grattements rapprochés;
6, par trois grattements rapprochés;

et il suffira, pour correspondre avec la plus grande facilité, de connaître la valeur télégraphique des lettres.

71. Ce qui précède donne une idée suffisante des moyens à employer, à l'occasion, pour établir des rapports faciles de communication.

DEUXIÈME PARTIE

CINQUIÈME CHAPITRE

Écriture des correspondances

---

18. L'écriture télégraphique des correspondances peut se faire de deux manières :

1° A l'aide d'un dictionnaire;
2° Par l'épellation des mots.

Ce dernier mode est le plus simple, parce qu'il ne demande que la connaissance de l'alphabet télégraphique et n'est soumis à aucune règle. Mais, en raison des lenteurs qu'il nécessite, il a paru indispensable d'avoir un vocabulaire à l'aide duquel on puisse exprimer rapidement les mots usuels du langage et les expressions techniques de l'art militaire. Néanmoins, il sera bon de bien connaître l'écriture par épellation qui, simplifiée, permettra de correspondre avec une personne dépourvue de dictionnaire.

Art. 1er. — Formation de l'Alphabet.

19. Comme il est nécessaire, pour pouvoir lire facilement un mot épelé, que chaque lettre soit composée du même nombre de chiffres, on a dû représenter télégraphiquement les lettres de l'alphabet de la manière suivante :

a	11	*j*	24	*s*	41
b	12	*k*	25	*t*	42
c	13	*l*	26	*u*	43
d	14	*m*	31	*v*	44
e	15	*n*	32	*w*	45
f	16	*o*	33	*x*	46
g	21	*p*	34	*y*	51
h	22	*q*	35	*z*	52
i	23	*r*	36		

20. Un moyen mnémotechnique de retenir cet alphabet est de savoir la valeur des lettres

	a,	*g*,	*m*,	*s*,
	11,	21,	31,	41,
et	*i*,	*o*,	*u*	
	23,	33,	43.	

Art. 2. - Écriture des mots par épellation(1)

21. Le mode de correspondance par l'épellation des mots demande, comme nous l'avons dit, beaucoup de temps et d'attention, une erreur dans la transcription des chiffres, ou même une simple omission, pouvant entraîner la répétition de la partie de la dépêche où l'erreur a été commise. Ces inconvénients que l'habitude fera éviter sont insignifiants, comparés à ceux qui peuvent naître d'obstacles de toute nature s'opposant à l'envoi d'une dépêche par un cavalier, ou de la perte de temps occasionnée par des difficultés de toutes sortes, ou enfin de le crainte de voir une dépêche se perdre ou tomber entre les mains de l'ennemi.

Ajoutons que, sous le rapport de la célérité, l'expérience a prouvé que deux postes qui télégraphient avec un peu d'habitude, peuvent en très-peu de temps, envoyer, dans des conditions atmosphériques ordinaires, de 20 à 30 chiffres par minute, répétition des signaux comprise.

Ainsi, par exemple, pour une dépêche renfermant 200 lettres, c'est-à-dire 400 chiffres, il suffira d'environ 15 minutes pour sa transmission :

Exemple :

Envoyez des tirailleurs dans le bois.

Afin d'avoir le moins possible de lettres à transmettre, on écrira :

Envoyez tirailleur dan boi

ce que l'on traduira par :

15, 32, 44, 33, 51, 15, 52, 42, 23, 36, 11, 23, 26, 26, 15, 43, 36, 14, 11, 32, 12, 33, 23.

---

(1) En télégraphie, on simplifie l'écriture par la suppression des mots tels que les articles, les prépositions, les conjonctions, les doubles lettres, etc., etc. Ainsi :

Envoyez-nous des hommes, s'écrira : *Envoyez homes.*

expression numérique qui, partagée en tranches de deux chiffres, donne :

15	32	44	33	51	15	52	42	23	36	11	26	26	15	43	36	14
e	*n*	*v*	*o*	*y*	*e*	*z*	*t*	*i*	*r*	*a*	*i*	*l*	*l*	*e*	*u*	*r*

14	11	32	12	33	23
d	*a*	*n*	*b*	*o*	*i*

22. Ainsi, *règle générale, pour lire un nombre télégraphique représentant un mot épelé, on le partage en tranches de deux chiffres, et l'on place sous chaque tranche la lettre alphabétique correspondante.*

Art. 3. — **Écriture des Nombres.**

23. Dans le principe, on représentait télégraphiquement les six premiers caractères de la numération par les chiffres 1, 2, 3, 4, 5, 6, et les caractères suivants 7, 8, 9, 0, par les nombres 11, 12, 13, 14; mais, outre le double emploi des nombres 11, 12, 13, 14, il fallait encore deux signaux particuliers indiquant :

1°, que l'on télégraphiait un nombre;
2°, qu'il fallait séparer chaque chiffre.

24. Ainsi, pour envoyer le nombre 840, par exemple, on devait faire le signal conventionnel (4,2), puis exprimer le chiffre 8 au moyen du nombre 12, faire ensuite un autre signal conventionnel pour marquer la séparation, exprimer le chiffre 4, répéter de nouveau le signal (4,2), et enfin indiquer le 0 au moyen du nombre 14. On représentait graphiquement cette écriture, ainsi :

	(4,2)	12 — 4	(4,2)	14
ce qui signifiait :		8 4		0.

Ce mode d'écriture étant trop compliqué, on a préféré représenter les chiffres

1	par	53	6	par	62
2	»	54	7	»	63
3	»	55	8	»	64
4	»	56	9	»	65
5	»	61	0	»	66

De la sorte, on lit un nombre comme un mot épelé, et l'on supprime tout signal conventionnel.

Ainsi, l'expression 56645666 partagée en tranches de deux chiffres donnera la valeur numérique 4840.

Art. 4. — **Formation des temps de verbes.**

25. Dans les verbes, l'infinitif sera le temps dont on fera le plus fréquemment usage. Toutefois, dès qu'il sera urgent d'exprimer une pensée que l'emploi de l'infinitif pourrait laisser obscure ou incomplète, on recourra au temps propre du verbe.

Le tableau ci-après indique la manière d'exprimer et de conjuguer télégraphiquement les temps les plus nécessaires des verbes.

Je	me, moi	1	*Participe passé.*
tu	te, en, y	2	*Participe présent.*
il	se, lui, le	3	*Indicatif présent.*
nous	nous	4	*Imparfait.*
vous	vous	5	*Futur.*
ils	se, eux	6	*Conditionnel.*

Manière de se servir de ce tableau

Premier exemple :

26. Supposons que l'on ait à envoyer la dépêche suivante :

L'ennemi arrive.

On enverra d'abord l'article *le* (1), puis le substantif *ennemi*, et enfin le verbe *arriver;* mais comme il est indispensable d'indiquer le moment de l'action exprimée par le verbe, c'est-à-dire la personne et le temps, on trouvera, en cherchant dans le tableau les chiffres qui les représentent, que la troisième personne uu singulier est exprimée par le chiffre 3, et le temps (indicatif présent) par le même chiffre.

Traduction :

Le — ennemi — arriver — 33.

(On verra au chap. 6, comment on exprime télégraphiquement les traits placés entre chaque mot).

Deuxième exemple :

Nous avons reçu des vivres.

27. En se conformant à ce qui a été prescrit plus haut, on traduira cette dépêche ainsi :

Avoir — des — vivres — recevoir.

et l'on exprimera par les chiffres 4 et 3 la personne et le temps du verbe *avoir*, et par 1, le participe passé *reçu*.

---

(1) On suppose ici les dépêches envoyées sans suppression d'aucunes lettres et traduites dans toute leur rigueur.

Traduction :

Avoir — 43 — *des* — *vivres* — *recevoir* — 1.

TROISIÈME EXEMPLE :

28. Si l'on reçoit la demande suivante :

Vous est-il arrivé des renforts?

et qu'on réponde par

Il nous en est arrivé,

on télégraphiera cette phrase de la même manière que les précédentes, c'est-à-dire, en exprimant d'abord l'auxiliaire *être*, puis les pronoms, *il*, *nous*, *en*, *le temps*, et enfin l'infinitif *arriver* que l'on fera suivre au besoin du chiffre indicateur du temps.

Traduction :

être — 3	4	2	3	— *arriver*
il	nous	en	*Présent.*	

29. On voit, par les exemples précédents, la marche à suivre pour exprimer, dans toute leur rigueur, les personnes et les temps des verbes.

Règle générale, dans toute dépêche, on exprimera d'abord l'infinitif du verbe, puis la personne et les pronoms qui s'y rattachent, et enfin le temps.

Si, dans la construction de la phrase, entrent les auxiliaires être *ou* avoir, *on exprimera en premier lieu l'infinitif de l'auxiliaire, puis la personne, les pronoms et le temps, et enfin l'infinitif du verbe qui marque l'action.*

30. *Remarque importante.* — En conséquence l'on devra toujours, après un infinitif, chercher dans le tableau ci-dessus, la signification du nombre qui suit le verbe, parce qu'à moins d'une dépêche simplifiée, l'expression que l'on touverait dans le vocabulaire serait complètement étrangère au sens de la phrase.

Art. 5. — **Du Vocabulaire.**

31. Le vocabulaire est divisé en trois colonnes :

La première contient les verbes et les phrases ou membres de phrases qni les renferment.

La deuxième, la valeur télégraphique des mots ou des phrases.

La troisième, les substantifs, adjectifs, pronoms, etc.

De ce que le même nombre éveille dans l'esprit deux idées, il semble que l'un des deux correspondants sera parfois embarrassé dans le choix de l'expression à prendre; mais il n'y a pas à redouter un pareil inconvénient, la valeur réelle de l'expression étant suffisamment déterminée par le sens général de la dépêche.

32. Il est certain que l'on aurait eu plus de précision, si chaque nombre n'avait représenté qu'un mot; mais ce moyen, en nécessitant l'emploi de nombres de cinq et six chiffres pour les dernières lettres de l'alphabet, aurait allongé le dictionnaire, et rendu la transmission des mots beaucoup plus longue.

33. *Remarque.*— Si un mot n'est pas contenu dans le dictionnaire (ce qui se présentera pour les noms propres), on procédera par épellation. Dans ce cas, il sera inutile d'en informer le correspondant, la longueur du nombre déterminant assez qu'il s'agit d'un mot épelé.

SIXIÈME CHAPITRE

De quelques signaux particuliers conventionnels

34. L'écriture télégraphique des correspondances né-

cessite l'emploi de quelques signaux particuliers dits d'*avertissement*.

Par exemple, lorsque l'on écrit une dépêche à l'aide du dictionnaire, il faut avoir bien soin de marquer un intervalle entre chaque mot Sans cela, le correspondant appliquerait le mode d'écriture par épellation et trouverait, pour la signification de la dépêche, des mots ou des lettres sans suite. Un signal particulier dit de *séparation* est donc indispensable.

35. Voici comment on exprime ces différents signaux particuliers dans chacun des modes que nous avons cités.

Art. 1er. — **Correspondance au moyen de six hommes.**

1° *Attention.* — Pour préventir le correspondant que l'on veut lui télégraphier une dépêche, on fait élever simultanément les fusils des nos 1, 2, 3. Ce signal signifie *attention.*

2° *Fin.* — Quand la dépêche est terminée, on fait de même élever simultanément les fusils des nos 4, 5, 6, ce qui signifie *fin.*

3° *Séparation.* — Pour indiquer qu'il faut *séparer* les mots, on fait élever simultanément les fusils des nos 1 et 5.

Exemple :

Envoyez de la cavalerie.

Traduction : *Envoyez — de la — cavalerie.*
(1,5) (1,5)

(Les traits indiquent graphiquement la *séparation.*)

4° *Erreur.*— Le correspondant devant (*voir* chap. 7) reproduire tous les mouvements transmis, on s'apercevra par le signal qu'il répète, si l'on a commis une *erreur.*

Par exemple, si l'on a fait le signal 2 pour le signal 3, on préviendra le correspondant de l'*erreur* en faisant élever simultanément les fusils des n°s 1 et 6. Le correspondant effacera alors sur le papier le dernier chiffre, et le remplacera par celui qu'on lui enverra.

5° *Interrogation.* — Lorsqu'on aura une phrase interrogative comme la suivante :

Avez-vous reçu des cartouches?

On fera élever, après le signal d'*attention*, le fusil n° 6, signe télégraphique de l'*interrogation.*

Mais si l'interrogation comprend une négation, comme dans la phrase suivante :

N'avez-vous pas reçu des cartouches?

On fera suivre le signal 6 du signal 5 en ayant soin de les séparer.

Ainsi l'exemple précédent s'écrira :

6 — 5 — etc.
(1,5) (1,5)

36. *Remarque importante.* Toutes les fois qu'une dépêche contiendra un mot ou un nombre composé de deux chiffres (ce qui donne lieu télégraphiquement à un nombre de quatre chiffres), on devra, avant de télégraphier ce mot ou ce chiffre, et après le dernier mot envoyé, faire un double signal de *séparation.* Sans cela le correspondant chercherait dans le dictionnaire la signification de ce nombre et trouverait une expression ne se rapportant pas à la dépêche.

Exemple :

Vous traverserez le Pô à 11 heures.

Le mot *Pô* et le nombre 11 s'exprimant télégraphiquement au moyen de quatre chiffres, on devra, avant chacune de ces deux expressions, faire un double signal de séparation. La dépêche s'écrira alors ainsi :

Vous traverserez le = *Pô à* = *11 heures.*
(1,5 / 1,5) (1,5 / 1,5)

Art. 2. — **Correspondance à l'aide d'un seul homme.**

37. Les signaux conventionnels précédents s'expriment de la manière suivante :

1° ***Attention***, en faisant décrire au bras droit plusieurs cercles en avant du corps.

2° ***Fin***, en répétant une deuxième fois les mouvements précédents.

3° ***Séparation***, en faisant simultanément les signaux (1 et 5).

4° ***Erreur***, en faisant simultanénement les signaux (1 et 6).

5° Les deux genres d'***interrogation*** s'exprimeront comme précédemment.

Art. 3. — **Correspondance au moyen d'un mât.**

38. Dans ce mode de correspondance, le signal d'*attention* s'exécutera en faisant glisser plusieurs fois de suite le petit objet le long du mât, et celui de *fin*, en faisant les mêmes mouvements avec le gros objet.

Pour les autres signaux, on procédera comme ci-dessus

39. On voit du reste, quel que soit le mode de correspondance employé, que ce sont toujours les mêmes chiffres qui représentent les signaux conventionnels.

ART. 4. — **Tableau** dit **des positions.**

40. Ce tableau indique à l'aide de phrases exprimées par un nombre de trois chiffres tous les changements qui seraient nécessaires d'apporter, soit dans la position des postes télégraphiques, soit dans la nature même des signaux, etc.

Ainsi, par exemple, si l'un des deux correspondants s'est placé devant un fond trop sombre qui empêche d'apercevoir distinctement les signaux, on voit, en recourant au tableau des positions qu'il sera prévenu par le nombre **112** *de se placer devant un fond plus clair.*

ART. 3. — **Tableau des monosyllabes.**

L'écriture télégraphique devant être aussi simple que possible, nous avons un tableau à l'aide duquel on représente, par des nombres de trois chiffres, les mots qui, par leur nature, se reproduisent souvent dans le discours, tels que les monosyllabes et leurs dérivés.

Ainsi, dans l'exemple

Envoyez-moi de la poudre?

On exprimera *de la* par un nombre de trois chiffres au lieu de deux nombres de quatre chiffres que nécessiterait l'emploi du dictionnaire.

SEPTIÈME CHAPITRE

—

Composition des postes télégraphiques

—

42. A part le cas où l'on télégraphiera avec six

hommes, chaque poste télégraphique se composera habituellement de deux hommes, l'un chargé de faire les signaux, l'autre que l'on appellera *chef de station*, chargé de recevoir et d'expédier les dépêches. Ce dernier, sur le lieu qui lui est assigné pour établir son poste, choisira d'abord l'endroit le plus en vue, afin que les signaux soient le plus apparents possible, et emploiera ensuite, tout en se plaçant dans le jour le plus convenable, la couleur la plus voyante. Il s'assurera, en outre, de l'emplacement et de la couleur de son correspondant, et l'avertira, à l'aide du tableau des positions, de tout ce qui pourrait être défectueux.

EXEMPLES DE CORRESPONDANCE

Manière de procéder.

43. Ces conditions remplies, le chef d'une station ayant à faire parvenir une dépêche devra l'écrire préalablement sur le papier telle qu'elle doit être envoyée, c'est-à-dire avec tous les signaux, la vérifier, et prévenir ensuite son correspondant par le signal *attention*, suivant le mode de correspondance employé.

Ce signal répété, il télégraphiera successivement tous les chiffres de sa dépêche en pointant chacun d'eux au fur et à mesure de leur envoi. Si un signal est mal répété, il attendra, avant de passer au chiffre suivant, que la correction ait été faite. En procédant de cette manière, l'on évitera toute erreur, et l'on correspondra avec la plus grande facilité.

44. *Remarque.* — Si, pendant l'opération, le correspondant a quelque observation à faire, celui-ci doit, après avoir répété le dernier signal, faire immédiatement le

signal *attention*, et, ce signal répété, télégraphier son observation. La dépêche sera reprise ensuite au chiffre où on l'avait laissée, mais en le faisant encore précéder du signal *attention*.

PREMIER EXEMPLE (1)

Nous apercevons l'ennemi.

Traduction :

Apercevoir — *la personne et le temps* — le — ennemi.

En cherchant ces différentes expressions dans le dictionnaire et dans le tableau des temps de verbes, on aura :

451 — 43 — 231 — 2526.
(1,5) (1,5) (1,5)

Si l'on procédait par épellation, la dépêche précédente s'écrirait ainsi :

32334341134153613154433324126153232153123.

DEUXIÈME EXEMPLE

Apercevez-vous l'ennemi?

La phrase étant interrogative, on marquera télégraphiquement l'interrogation, et l'on écrira :

Apercevoir—*la personne et le temps* — le —ennemi·
6 (1,5) 451 (1,5) 53 (1,5) 231 (1,5) 2526.

---

(1) On suppose toujours les dépêches envoyées dans toute leur rigueur.

TROISIÈME EXEMPLE

N'apercevez-vous pas l'ennemi?

L'interrogation comprenant une négation, on fera suivre le signal 6 du signal 5 et l'on opérera ensuite comme précédemment :

Apercevoir — *la personne et le temps* — le
6 (1,5) 5(1,5) 451 (1,5) 53 (1,5) 231
— ennemi.
(1,5) 2526.

—

QUATRIÈME EXEMPLE

Quand le moment d'attaquer viendra, nous vous en préviendrons.

Traduction :

Quand — le — moment — de — attaquer — venir
5121 (1,5)131(1,5) 4225 (1,5)222(1,5) 531 (1,5) 6113
— *personne et temps*—prévenir—*nous, vous, en, temps*
(1,5) 35 (1,5) 4651 (1,5) 4 5 2 5

HUITIÈME CHAPITRE

—

Mode de correspondance à l'usage des personnes peu initiées au système.

—

45. Il peut arriver, en campagne, que l'on soit forcé, dans une circonstance imprévue, de faire connaître quelque nouvelle importante.

2.

Le moyen que nous proposons pour les personnes peu initiées au système consiste à écrire sur une feuille de papier les dépêches les plus usuelles, à les représenter au moyen de quatre signaux au plus, et à les télégraphier à l'aide de l'un des modes que nous avons cités.

Prenons ici le cas défavorable où les chefs de deux troupes placés à une distance de 5 à 600 mètres, seraient dans l'impossibilité de se communiquer une nouvelle quelconque par un mouvement de terrain qui les déroberait à la vue l'un de l'autre. En telle circonstance, on fera usage avec succès de clairons, et il suffira, pour correspondre, de savoir représenter télégraphiquement, avec cet instrument, les chiffres 1, 2, 3, 4, 5, 6.

Or, comme nous avons déjà dit au chap. 4, que l'on représentait dans le premier groupe

les chiffres
- 1, en donnant un coup de langue très-bref; .
- 2, en donnant deux coups de langue très-brefs et très-rapprochés; . .
- 3, en donnant trois coups de langue très-brefs et très-rapprochés; . . .

et, dans le deuxième groupe,

les chiffres
- 4, en donnant un coup de langue prolongé; —
- 5, en donnant deux coups de langue prolongés, mais très-rapprochés; — —
- 6, en donnant trois coups de langue prolongés, mais très-rapprochés; — — —

il suffira, pour obtenir la valeur de chacun de ces chiffres, de savoir apprécier la nature des différents sons.

EXEMPLE :

Supposons que l'un des deux chefs veuille transmettre la dépêche suivante :

Pouvez-vous m'envoyer du secours?

Cette phrase ayant dans la série le n° 9, et étant représenté télégraphiquement par 24, s'exprimera en faisant donner deux coups brefs très-rapprochés, et, après un petit intervalle, un coup prolongé.

Ainsi, règle générale, toutes les fois que l'on voudra expédier une dépêche, on fera sonner trois fois le *garde à vous* ou toute autre sonnerie conventiounelle qui signifiera *attention*, puis on télégraphiera la dépêche en exprimant chaque chiffre, soit avec un clairon, soit avec celui des modes de correspondance qui paraîtra le plus facile. Le correspondant, après avoir répondu à la sonnerie d'*attention*, répétera exactement tous les sons émis et cherchera ensuite dans le tableau la signification de la dépêche.

Comme on le voit, ce mode de correspondance peut recevoir une application générale et privée. Il est seulement essentiel de régler à l'avance la teneur des dépêches, afin d'éviter toute cause d'erreurs, et, en temps de guerre, de n'en donner la feuille explicative aux commandants de troupes qu'au moment du départ.

A l'aide de ce procédé on pourra inscrire soixante-cinq dépêches dans le tableau, en faisant usage des nombres 55, 61, 64, 111, 112, 114, 115, 121, 124, 141, 142, 144, 145, 151, 154, 211, 214, 241, 244, 411, 412, 414, 415, 421; 424, 441, 442, 444, 445, 451, 454, 511, 514, 541, 544, 1111, 1114, 1144, 1411, 1414, 1444, 4111, 4114, 4444, que l'on représente à l'aide de quatre signaux.

(Modèle). **Tableau indicateur de dépêches.**

Nos de la Série.	DÉPÊCHES.	SIGNAUX.	NOMBRES représentant les Signaux.
1		. .	11
2		. ..	12
3		. ...	13
4		. —	14
5		. — —	15
6		. — — —	16
7		.. .	21
8		.. ..	22
9	Pouvez-vous m'envoyer du secours?	.. —	24
10	Je ne puis vous envoyer que quelques hommes et des munitions.	.. — —	25
11		... .	31
12	Attendez-vous à être attaqué.	... —	34
13		— .	41
14		— ..	42
15		— ...	43
16	Dites-moi si l'ennemi a des embuscades en avant de ma position.	— —	44
17		— — —	45
18		— — — —	46
19		— — .	51
20		— — ..	52
etc.	etc.	etc.	54

VOCABULAIRE

TABLEAU DES POSITIONS

111. — Le fond est trop sombre.
112. — Placez-vous devant un fond plus clair.
113. — *Id.* — plus sombre.
114. — Placez-vous devant la muraille.
115. — *Id.* la maison.
116. — *Id.* le bois.
121. — *Id.* dans un endroit plus élevé.
122. — *Id.* plus bas.
123. — Appuyez à droite.
124. — *Id.* à gauche.
125. — Portez-vous en avant.
126. — *Id.* en arrière.
131. — Faites-mieux couvrir les hommes.
132. — Ouvrez davantage les intervalles.
133. — Resserrez les intervalles.
134. — Mettez-vous plus de face.
135. — Mettez le signal blanc.
136. — *Id.* rouge.
144. — *Id.* noir.
142. — Mettez un signal de plus grande dimension.
143. — Faites élever davantage les signaux.
144. — Les signaux se confondent.
145. — Faites emmancher les disques pour que les signaux se distinguent mieux.
146. — Les lumières ne sont pas assez vives.
151. — Faites éloigner les personnes qui vous environnent.
152. — Je ne peux pas voir l'homme qui a le n° (indiquer le n°).
153. — Retournez à votre première position.
154. — Répétez le signal qui a le n° (*Id.*).
155. — Répétez le mot qui a le n° (*Id.*).
156. — Répétez la dépêche depuis le mot qui a le n° (*Id.*).
161. — Répétez toute la dépêche.
162. — Je ne comprends pas.
163. — Je ne vois pas bien.
164. — Voulez-vous terminer.
165. — Venez me rejoindre.
166. — Laissez vos hommes en place.

TABLEAU DES MONOSYLLABES
ET DES MOTS LES PLUS FRÉQUEMMENT USITÉS.

211. — A.
212. — Au, aux, à le, à la.
213. — Avec.
214. — Bien.
215. — Ce, cet, cette, ces.
216. — Celui, celui-ci, celle, celle-ci, ceci, cela.
221. — Dans.
222. — De, du, des, de le, de la.
223. — Donc, dont.
224. — En.
225. — Et.
226. — Là.
231. — Le, la, les.
232. — Leur, le leur, la leur, les leurs.
233. — Lui, à lui.
234. — Mais.
135. — Mal.
236. — Mien, le ou du mien, la ou de la mienne, les ou des miens.
241. — Mieux.
242. — Moins.
243. — Mon, ma, mes
244. — Ne, ne pas, ne que.
245. — Ni.
346. — Non.
251. — Notre, nos, la nôtre, les nôtres.
252. — On.
253. — Or.
254. — Où, ou.
255. — Oui.
256. — Par, pas.
261. — Peu.
262. — Que.
253. — Quel, qnelle, le *ou* duquel, la *ou* de laquelle, les *ou* des quels.
264. — Rien.
265. — Si, sur.
265. — Votre, vos, le *ou* du vôtre, la *ou* de la vôtre, les *ou* des vôtres.

A.

Abandonner.	311	Abord, d'abord. (à=211)
Abandonnez votre position.	312	Abordage.
Abattre.	313	Abreuvoir.
Aborder.	314	Abri, à l'abri de.
Abréger.	315	Absent.
Abriter.	316	Absence.
S'Absenter.	321	Absolu, -ment.
S'Abstenir.	322	Abus.
Abuser.	323	Accès.
Accabler.	324	Accessible.
Accaparer.	325	Accessoire.
Accélérer.	326	Accident.
Accepter.	331	Accidenté.
Accompagner.	332	Achat.
Accomplir.	333	Acier.
Accorder.	334	A-coup. Sans à -coup.
Accourir.	335	Acquit.
Accoutumer.	336	Acte.
Accréditer.	341	Actif.
Accueillir.	342	Action.
Acculer.	343	Activité.
Accumuler.	344	Actuellement.
Accuser.	345	Adjoint.
Accusez-moi réception, etc.	346	Adjudant.
Acheter.	351	*Id.* -major.
Achever.	352	Administration.
Acquitter.	353	Admissible.
Adhérer.	354	Admission.
Adjoindre.	355	Adresse.
Admettre.	356	Adroit.
Administrer.	361	Adroitement.
Adopter.	362	Adversaire.
Adresser.	363	Affaire.
Advenir.	364	Affirmation.

S'il advenait que, etc.	365.	Affluent.
Affermir.	366.	Affût.
Affirmer.	411.	Afin, -que.
Affronter.	412.	Agent.
Agir.	413.	Agresseur.
Agiter.	414.	Agressif.
Agrandir.	415.	Aide.
Agréer.	416.	Aide-de-camp.
Aguerrir.	421.	Aide-major.
Aider.	422.	Aile.
Ajourner.	423.	*Id.* droite.
Ajournez votre départ.	424.	*Id.* gauche.
L'Arrivée des renforts est ajournée.	425.	Ailleurs.
Ajouter.	426.	Ainsi.
Aligner.	431.	Air.
Alimenter.	432.	Alarme.
Aller.	433.	Allée.
Allier.	434.	Alentours (aux).
Allouer.	435.	Alignement.
Allumer.	436.	Aliment.
Allumez des feux.	441.	Alliance.
Amener.	442.	Allié.
Amorcer.	443.	Allocation.
Animer.	444.	Allure.
Annoncer.	445.	Alors.
Apaiser.	446.	Ambassadeur.
Apercevoir.	451.	Ambulance.
Appareiller.	452.	Faites transporter les blessés à l'—.
Appartenir.	453.	Amiral.
Appeler.	454	Amnistie.
Apporter.	455.	Amont (en).
Apprécier.	456.	Amorcé.
Apprendre.	461.	An, année.
J'apprends par un espion, etc.	462.	Angle.
Apprêter.	463.	Août.

Approcher.	464.	Appel.
Laissez approcher l'ennemi sans tirer.	465.	Approche.
Approuver.	466.	Approvisionnement.
Appuyer.	511.	Appui.
Arborer.	512.	Prêtez-moi votre appui.
Armer.	513.	Après.
Arracher.	514.	Après-demain.
Arrêter.	515.	Après-midi.
Arriver.	516.	A-propos.
Assaillir.	521.	Arbre.
Assiéger.	522.	Argent.
Assister.	523.	Arme.
Assumer.	524.	Armée.
Assurer.	525.	Armement.
Attacher.	526.	Arrière, (en -).
Attaquer.	531.	Arrière-garde.
Préparez-vous à attaquer.	532.	Arrivée.
Vous serez attaqué dans, etc.	533.	Arsenal.
Atteindre.	534.	Artillerie.
Atteler.	535.	*Id.* à pied.
Attendre.	536.	*Id.* à cheval.
Attendez que je sois prêt.	541.	Artilleur.
Attendez de nouveaux ordres.	542.	Assaillant.
Attribuer.	543.	Assaut.
Augmenter.	544.	Assemblée.
Autoriser.	545.	Assez.
Avancer.	546.	Atmosphère.
Avertir.	551.	Attelage.
Les sentinelles sont averties de votre passage.	552.	Attention.
	553.	Attroupement.
Avoir.	554.	Aucun (au, aux, à le, à la = 212).
Qu'avez-vous? etc,	555.	Audace.
Il y a, etc.	556.	Audacieux.

Y a-t-il ?	561. Aujourd'hui.
Qu'y a-t-il ?	552. Auparavant.
	563. Auprès.
Avoisiner.	564. Aussi.
	565. Aussitôt.
Avorter.	566. Autant.
	611. Automne.
Avouer.	612. Autorité.
	613. Autre.
	614. Autrement.
	615. Auxiliaire.
	616. Aval.
	621. Avant (en -).
	622. Avantage.
	623. Avarié.
	624. Aventure (Avec = 213).
	625. Avis.
	626. L'Avis nous est parvenu.
	631. Avoine.
	632. Avril.

B.

	633. Bac.
	634. Bagage.
	635. Baguette.
Baigner.	636. Baïonnette.
Baisser.	641. Balle.
	642. Ballon.
	643. Bande.
	644. Bandière (Front de -).
Bannir.	645. Banquette.
	646. — (Talus de -).
Baraquer.	651. Baraque.
	652. Baraquement.
	653. Baril.
	654. Barque.
Barrer.	655. Barrage.

Barricader.	656.	Barricade.
	661.	Bas.
	662.	Bas-côté.
	663.	Bas-fond.
Bâtir.	664.	Bassin.
	665.	Bastion.
	666.	Bataille.
	1111.	Bataillon.
Battre.	1112.	Batterie.
Id. en brèche.	1113.	*Id.* à pied.
Id. la charge.	1114.	*Id.* à cheval.
Id. le rappel.	1115.	*Id.* à barbette.
Id. la générale.	1116.	Beau.
	1121.	Beaucoup.
	1122.	Berge.
	1123.	Berme.
	1124.	Besoin.
	1125.	Bestiaux.
	1126.	Bientôt (Bien = 214).
Se Bifurquer.	1131.	Bifurcation.
	1132.	Biscuit.
Bivouaquer.	1133.	Bivouac.
Les troupes sont bivouaquées à.	1134.	Blanc.
	1135.	Blé.
Blesser.	1136.	Blessé.
	1141.	Blessure.
	1142.	Bleu.
Blinder.	1143.	Blindage.
	1144.	Blockaus.
Bloquer.	1145.	Blocus.
	1146.	Bœuf.
Boire.	1151.	Bois.
Boiser.	1152.	Boisson.
Le terrain est boisé.	1153.	Bombe.
	1154.	Bon.
	1155.	Bord.
	1156.	Bordage.

	1161.	Borne.
Boucher.	1162.	Bouche.
Bouchez les embrasures ?	1163.	Bouche à feu.
Bouger.	1164.	Bouée.
Bouillir.	1165.	Boulet.
	1166.	Bout.
Bouleverser.	1211.	Boute-feu.
Bourrer.	1212.	Boute-selle.
	1213.	Boyau.
	1214.	*Id.* de tranchée.
	1215.	Branle-bas.
Braquer.	1216.	Bras.
	1221.	Brèche.
	1222.	Bref.
	1223.	Breloque ou Berloque.
Brider.	1224.	Bride.
Briller.	1225.	Brigadier.
Briser.	1226.	Brise.
	1231.	Bronze.
	1232.	Brouillard.
	1233.	Broussailles.
Brûler.	1234.	Bruit.
	1235.	Bulletin.
	1236.	But.
	1241.	Butin.
	1242.	Butte.

C.

Cacher.	1243.	Câble.
Cacheter.	1244.	Cadastre.
	1245.	Cadavre.
	1246.	Cadre.
	1251.	Café.
	1252.	Caïd.
	1253.	Caisson.
	1254.	Calibre.
Camper.	1255.	Camp.
	1256.	Campement.

	1261. Campagne.
	1262. Canal.
Canonner.	1263. Canon.
	1264. Cantine.
Cantonner.	1265. Canton.
	1266. Cap.
	1311. Capable.
	1312. Capitaine.
Capituler.	1313. Caporal.
La capitulation est signée.	1314. Capsule.
Les assiégés demandent à capituler.	1315. Captif.
Capturer.	1316. Captivité.
	1321. Car.
	1322. Carabine.
	1323. Carabiniers.
	1324. Cargaison.
	1325. Carré.
	1326. Carte.
	1331. Cartouche.
Casser.	1332. Cas.
	1333. Casemate.
	1334. Caserne.
	1335. Cause.
	1336. Caution.
	1341. Cavalerie.
	1342. Cavalier.
	1343. Cave (Ce, cet, eette, ces = 215).
Céder.	1344. Centaine (Celui, celui-ci, etc. = 216).
Centraliser.	1345. Central.
Centralisez toutes vos ressources.	1346. Centre.
	1351. Cependant.
Cerner.	1352. Cercle.
Cernez l'ennemi.	1353. Certain.
Certifier.	1354. Cesse, (Sans -).

Cesser.	1355.	Chacun.
Cessez la poursuite.	1356.	Chaleur.
	1361.	Chambre.
	1362.	Champ.
	1363.	*Id.* de bataille.
Changer.	1364.	Changement.
	1365.	Chantier.
	1366.	Chaque.
Charger.	1411.	Charge.
Charrier.	1412.	Charpie.
	1413.	Envoyez de la charpie à l'ambulance.
Chasser.	1414.	Chasse.
	1415.	Chasseurs à pied.
	1416.	— à cheval.
	1421.	— d'Afrique.
Châtier.	1422.	Château.
Chauffer.	1423.	Chaud.
	1424.	Chaussée.
	1425.	Chef.
	1426.	*Id.* de bataillon.
	1431.	*Id.* d'escadron.
	1432.	Chef-lieu.
Cheminer.	1433.	Chemin.
	1434.	Chemin-couvert.
Chercher.	1435.	Chemin de fer.
	1436.	Cheval.
	1441.	Chevalets.
	1442.	Pont sur chevalets.
	1443.	Chez.
	1444.	Chiffre.
	1445.	Chirurgien.
	1446.	*Id.* major.
Choisir.	1451.	Choix.
	1452.	Chose.
	1453.	Ciel.
	1454.	Cinquantaine.
	1455.	Cinquième, (-ment).

Circonscrire.	1456. Circonscription.
Circuler.	1461. Circulation.
	1462. Citadelle.
Citer.	1463. Cité.
	1464. Civil.
	1465. Clair.
	1466. *Id.* de lune.
	1511. Clairon.
	1512. Clarté.
	1513. Envoyez vos dépêches avec plus de clarté.
	1514. Climat.
	1515. Cloche.
Clore.	1516. Clôture.
Clouer.	1521. Coin.
Coaliser.	1522. Col.
	1523. Colonel.
	1524. Colonne.
Combattre.	1525. Combat.
	1526. Combien.
Combiner.	1531. Combinaison.
Commander.	1532. Commandant.
	1533. *Id.* en chef.
	1534. Commandement.
	1535. Comme.
Commencer.	1536. Commencement.
Commettre.	1541. Comment.
	1542. Commissaire.
Communiquer.	1543. Communication.
Vous communiquerez les ordres, etc.	1544. Compagnie.
Comparaître.	1545. *Id.* d'élite.
Comparer.	1546. Composition.
Compliquer.	1551. Comptabilité.
Composer.	1558. Compte.
Comprendre.	1553. Vous me rendrez compte de ce que vous avez fait.

Comprimer.	1554. Condamné.
Compter.	1555. Condition.
Concentrer.	1556. Confiance.
Concerter.	1561. Confirmation.
Concevoir.	1562. Conflit.
Conclure.	1563. Confluent.
Condamner.	1564. Connaissance.
Conduire.	1565. Conseil.
Confirmer.	1566. Conséquence.
Connaître.	1611. Considérable.
Consentir.	1612. Consigne.
	1613. Faites observer rigoureusement les consignes.
Conserver.	1614. Constant, -ment.
Considérer.	1615. Construction.
Consigner.	1616. Contenance.
	1621. Quelle est la contenance, etc.
Constater.	1622. Continent.
Construire.	1623. Contraire.
Consulter.	1624. Contre.
Contenir.	1625. Contre-amiral.
Continuer.	1626. Contre-appel.
Contraindre.	1631. Contre-approches.
Contribuer.	1632. Contre-marche.
Contremander.	1633. Contre-temps.
	1634. Contribution.
Contrôler.	1635. Contrôle.
Convaincre.	1636. Convalescent.
Convenir.	1641. Convention.
Convoyer.	1642. Convoi.
	1643. Corps.
	1644. Corps-de-garde.
Correspondre.	1645. Correspondance.
Corriger.	1646. Correspondant.
Corrompre.	1651. Corvée.
	1652. Côté.

Cotoyer.	1653. Côte.
	1654. Côteau.
Coucher.	1655. Couleur.
Couler.	1656. Coup.
Couper.	1661. Cour.
	1662. Courage.
Courir.	1663. Courant.
	1664. Courrier.
	1665. Course.
	1666. Court.
	2111. Coutume.
	2112. Couvent.
Couvrir.	2113. Couvert.
Créneler.	2114. Créneau.
Créer.	2115. Crépuscule.
	2116. Crête.
Creuser.	2121. Creux.
Croire.	2122. Cri.
Croître.	2123. Croupe.
Cuire.	2124. Cuirassier.
Culbuter.	2125. Cuivre.
Cultiver.	2126. Culminant.

D.

Daigner.	2136. Danger. (Dans=221).
	2141. Dangereux.
Dater.	2142. Date.
	2143. Davantage.
Débarquer.	2144. Débarcadère (de, de le, de la=222).
Débarrasser.	2145. Débarras.
Débloquer.	2146. Déblai.
Déborder.	2151. Débordement.
Déboiser.	2152. Débouchés.
Décacheter.	2153. Debout.
	2154. Débris.
Décamper.	2155. Décembre.
Décharger	2156. Décharge.

Déchirer.	2161.	Décisif.
Décider.	2162.	Décision.
Déclarer.	2163.	Déclaration.
Décommander.	2164.	Découragement.
Décomposer.	2165.	Découvert, (à —).
Déconcerter.	2166.	Découverte.
Découvrir.	2211.	De crainte que.
Décréter.	2212.	Décret.
Décrire.	2213.	Dedans.
Dédaigner.	2214.	Déduction.
Déduire.	2215.	Défaite.
Défaire.	2216.	Défaut.
	2221.	Défection.
Défendre.	2222.	Défense.
	2223.	Défenseur.
	2224.	Défensif, -ve.
Défiler.	2225.	Défilé.
Définir.	2226.	Définitif.
Dégager.	2231.	Dégagement.
Dégarnir.	2232.	Dégât.
	2233.	Dégel.
Dégrader.	2234.	Dégradation.
	2235.	Degré.
	2236.	Dehors.
	2241.	Déjà.
	2242.	De là, au delà.
Délibérer.	2243.	Délai.
Délivrer.	2244.	Demain.
Déloger.	2245.	Demande.
Demander.	2246.	Demi
Demeurer.	2251.	Demi-cercle.
Démolir.	2252.	Demi-tour.
Démonter.	2253.	Dénouement.
Démontrer.	2254.	Denrée.
Démoraliser.	2255.	Départ.
	2256.	Département.
Dépêcher.	2261.	Dépêche.
Dépendre.	2262.	Dépendance.

Déployer.	2263.	Déploiement.
	2264.	Dépôt.
	2265.	Depuis.
	2266.	Dernier.
Dérober.	2311.	Déroute.
Dérobez vos mouvements à l'ennemi.	2312.	Dès que (des = 222).
	2313.	Désarmement.
	2314.	Désastre.
Désapprouver.	2315.	Désavantage.
Descendre.	2316.	Descente.
Désigner.	2321.	Déserteur.
Désirer.	2322.	Désir.
Désorganiser.	2323.	Désordre.
	2324.	Désormais.
	2325.	Dessein.
	2326.	Dessin.
	2331.	Dessous.
	2332.	Dessus.
Destiner.	2333.	Destination.
Détacher.	2334.	Détachement.
Détailler.	2335.	Détail.
Dételer.	2336.	Livre de détail.
Déterminer.	2341.	Détermination.
Détruire.	2342.	Détroit.
	2343.	Deuxième.
Devancer.	2344.	Devant.
Développer.	2345.	Devoir.
Devenir.	2346.	Diagonalement.
Devoir.	2351.	Diane (Sonnez la -).
Dicter.	2352.	Dictionnaire.
	2353.	Différence.
	2354.	Difficile.
	2355.	Difficulté.
	2356.	Dimanche.
	2361.	Dimension.
Diminuer.	2362.	Diminution.
Dire.	2363.	Direct.

Diriger.	2364.	Direction.
Disperser.	2365.	Discipline.
Disposer.	2366.	Disposition.
	2411.	Prenez vos dispositions, etc.
Distancer.	2412.	Distance.
Distinguer.	2413.	Distinct.
Distribuer.	2414.	Distribution.
Diviser.	2415.	Division.
	2416.	Dizaine.
Donner.	2421.	Douane (Donc *ou* dont = 223).
Doubler.	2422.	Double.
Douter.	2423.	Doute.
	2424.	Douzaine.
	2425.	Douzième.
Dresser.	2426.	Dragon.
	2431.	Drapeau.
	2432.	Droit.
	2433.	Droite (A -).
Durer.	2434.	Durée.

E.

	2435.	Eau.
Ebouler.	2436.	Eau-de-vie.
Ebranler (S' -).	2441.	Echange.
Ebruiter.	2442.	Echarpe.
Ecarter.	2443.	Echarpe (Batterie d'-).
Echanger.	2444.	Echec.
Echapper.	2445.	Echelle.
Echouer.	2446.	Echelon.
Eclaircir.	2451.	Eclaireurs.
Eclairer.	2452.	Economie.
Faites éclairer votre marche.	2453.	Ecouvillon.
Economiser.	2454.	Ecrit.
Ecoûter.	2455.	Edifice.
Ecrire.	2456.	Effet.

S'Effacer.	2461.	Effort.
Egarer.	2462.	Eglise.
Elever.	2463.	Elévation.
Eloigner.	2464.	Eloignement (Elle=3)
Embarquer.	2465.	Embarquement.
Embosser.	2466.	Embossage.
	2511.	Embranchement.
	2512.	Embrasure.
S'Embusquer.	2513.	Embuscade.
Emmener.	2514.	Empereur.
S'Emparer.	2515.	Emplacement.
Empêcher.	2516.	Emploi.
Employer.	2521.	Enceinte.
Emporter.	2522.	Encore.
S'Empresser.	2523.	Enfilade.
Emprisonner.	2524.	Enfin.
Encaisser.	2525.	Engagement.
La rivière est encaissée.	2526.	Ennemi.
Enclouer.	2531.	Enquête.
Enclouez les canons.	2532.	Ensemble.
Encourager.	2533.	Ensuite.
Endommager.	2534.	Entente.
Enfermer.	2535.	Entier.
Enfiler.	2536.	Entre.
Enfoncer.	2541.	Entrée.
S'Enfuir.	2542.	Entremise.
Engager.	2543.	Entrepôt.
Enlever.	2544.	Envers.
Enrôler.	2545.	Environ.
Entamer.	2546.	Envoi.
Entendre.	2551.	Epais.
Entourer.	2552.	Epaulement.
Entraîner.	2553.	Equipage.
Entreprendre.	2554.	Erreur.
Entrer.	2555.	Escadre.
Entretenir.	2556.	Escadron.
Envahir.	2561.	Escarpement.
Envelopper.	2562.	Escorte.

Envoyer.	2563.	Escouade.
Epargner.	2564.	Espion.
Eparpiller.	2565.	Estacade.
Epeler.	2566.	Etat (Et = 225).
Epuiser.	2611.	Etat-major.
Espérer.	2612.	Etranger.
Essayer.	2613.	Evénement.
Etablir.	2614.	Evolution.
Eteindre.	2615.	Evolution de ligne.
Etendre.	2616.	Exact.
Être.	2621.	Excepté.
Evacuer.	2622.	Exception.
Evader.	2623.	Excès.
Eviter.	2624.	Exclusion.
Examiner.	2625.	Exécution.
Excepter.	2626.	Exemple.
Exécuter.	2631.	Exercice.
Exercer.	2632.	Exigence.
Exiger.	2633.	Expédition.
Expliquer.	2634.	Expérience.
Expliquez-vous plus clairemeut.	2635.	Explication.
Expérimenter.	2636.	Explosion.
Explorer.	2641.	Exposition.
Exposer.	2642.	Exprès.
Exprimer.	2643.	Expression.
Exterminer.	2644.	Extension.
Extraire.	2645.	Extérieur.
	6646.	Extrême.
	2651.	Extrémité.

F.

Fabriquer.	2652.	Fabrique.
	2653.	Face.
	2654.	Facile.
	2655.	Facilité.
	2656.	Façon.
	2661.	Factionnaire.

	2662.	Faction.
	2663.	Faculté.
	2664.	Faible.
	2665.	Faiblesse.
	2666.	Faim.
Faire.	3111.	Fait.
Que voulez-vous faire?	3112.	Falot.
Que reste-t-il à faire?	3113.	Famine.
Falloir.	3114.	Fanfare.
Il faut que, etc.	3115.	Fantassin.
Faut-il, etc.	3116.	Farine.
Où faut-il que, etc.	3121.	Faubourg.
Faut-il que, etc.	3122.	Fenêtre.
	3123.	Ferme.
Fatiguer.	3124.	Février.
Feindre.	3125.	Feu.
Féliciter.	3126.	*Id.* de bataillon.
Fermer.	3131.	*Id.* de deux rangs.
Fermez toutes les issues.	3132.	*Id.* de peloton.
	3133.	*Id.* par rang.
Finir.	3134.	Fin.
Fixer.	3135.	Flanc.
Flanquer.	3136.	Flanqueur.
	3141.	Fleuve.
	3142.	Flot.
	3143.	Flotte.
	3144.	Foin.
	3145.	Fois.
	3146.	Fond.
	3151.	Fontaine.
Forcer.	3152.	Force.
Former.	3153.	Forêt.
	3154.	Fort.
Fortifier.	3155.	Fortification.
	3156.	Fortin.
	3161.	Fossé.
Fouiller.	3162.	Fougasse.
	3163.	Four.

	3164. Fourgon.
Fournir.	3165. Fourniture.
	3166. Fournisseur.
Fourrager.	3211. Fourrage.
Franchir.	3212. Fourrageur.
Frapper.	3213. Fourrier.
Fréquenter.	3214. Fréquent.
	3215. Front.
Fuir.	3216. Fuite.
	3221. Fusée.
Fusiller.	3222. Fusil.
	3223. Fusillade.
	3224. Fuyard.

G.

Gagner.	3225. Gabion.
Garantir.	3226. Gabionnade.
	3231. Gaillard.
	3232. Galop.
Garder.	3233. Garde.
Prenez-garde.	3234. Avant-garde.
	3235. Garde du camp.
	3236. Garde de tranchée.
	3241. Corps de garde.
Gagner.	3242. Gare.
	3243. Gargousse.
	3244. Garnison.
	3245. Gauche.
	3246. Gendarme.
	3251. Gendarmerie.
	3252. Général.
	3253. Génie.
	3254. Glace.
	3255. Glacis.
	3256. Gorge.
Gouverner.	3261. Gouverneur.
	3262. Grade.
	3263. Grand.

	3264. Grave.
	3265. Grêle.
	3266. Grenades.
	3311. Grenadier.
Grossir.	3312. Gros.
La rivière a grossi.	3313. Groupe.
Grouper.	3314. Gué.
Guérir.	3315. Guerre.
Guider.	3316. Guide.
	3321. Gymnase.
	H.
	3322. Habile.
Habiller.	3323. Habillement.
Habiter.	3324. Habitant.
Habituer.	3325. Habitation.
	3326. Hache.
Harceler.	3331. Haies.
	3332. Halte.
	3333. Grand'Halte.
	3334. Hardi.
	3335. Hardiesse.
	3336. Harnais.
Hasarder.	3341. Hasard.
Hâter.	3342. Hâte.
Hâtez-vous d'arriver.	3343. Hausse.
	3344. Haut.
	3345. Hauteur.
Hésiter.	3346. Herbe.
N'Hésitez pas à attaquer.	3351. Heure.
Heurter.	3352. Hier.
	3353. Avant-Hier.
	3354. Hiver.
Honorer.	3355. Homme.
	3356. Hôpital.
	3361. Horizon.
	3362. Hors.
Humilier.	3363. Humide.
	3364. Hussards.

I.

Ignorer.	3365. Ici.
	3366. Idée (Il = 3).
	3411. Idem (Ils = 6).
	3412. Ile.
Imaginer.	3413. Immobile.
Imiter.	3414. Important.
Implorer.	3415. Importance.
Importer.	3416. Impérieux.
Il importe que, etc.	3421. Impraticable.
Imposer.	3422. Imprévu.
Imputer.	3423. Imprudence.
	3424. Impulsion.
	3425. Inabordable.
Incarcérer.	3426. Inaction.
	3431. Incapable.
	3432. Incendie.
	3433. Incertain.
	3434. Incertitude.
	3435. Incident.
Incorporer.	3436. Incompréhensible.
	3441. Inconnu.
	3442. Inconvénient.
	3443. Indemnité.
Indiquer.	3444. Indispensable.
	3445. Inégal.
	3446. Infanterie.
Influencer.	3451. Inférieur.
	3452. Infirmier.
Informer.	3453. Information.
	3454. Inhabitable.
Inonder.	3455. Initiative.
Inquiéter.	3456. Inquiétude.
Inscrire.	3461. Inspecteur.
Inspecter.	3462. Inspection.
Inspirer.	3463. Instruction.
Installer.	3464. Insu (A l'-).

Instituer.	3465. Intelligence.
Intercepter.	3466. Intelligent.
Interdire.	3511. Intention.
Intéresser.	3512. Intérieur.
Interpeler.	3513. Intermédiaire.
Interposer.	3514. Intendant.
	3515. Intendance.
Interpréter.	3516. Interprète.
Interroger.	3521. Intervalle.
Interrompre.	3522. Intervention.
Intervenir.	3523. Inutile.
Intervertir.	3524. Inventaire.
Intimider.	3525. Investissement.
Introduire.	3526. Invisible.
Inventer.	3531. Isolé.
Investir.	3532. Issue.
Inviter.	3533. Isthme.
Isoler.	3534. Itinéraire.

J.

	3535. Jalon.
Jalonner.	3536. Jalonneur.
	3541. Jamais.
	3542. Jambe.
	3543. Janvier.
	3544. Jardin.
Jeter.	3545. Jelée.
	3546. Jeudi.
Joindre.	3551. Jour.
Joncher.	3552. Journal.
Juger.	3553. Juge (-ment).
	3554. Juillet.
	3555. Juin.
	3556. Jusques.
	3561. Jusqu'à ce jour.
	3562. Juste.
Justifier.	3563. Justification.

	K.
	3564. Kilogramme.
	3565. Kilomètre.
	L.
Lâcher.	3566. (Là = 226).
Laisser.	3611. Lancier.
Lancer.	3612. Lanterne.
Laver.	3613. Lard.
	3614. Large.
	3615. Latéral.
	3616. Latitude.
Lever.	3621. Lest. (Le, la, les = 231).
	3622. Lettre (Leur, le leur, etc. = 232.
Libérer.	3623. Lieu, au lieu de.
Lier.	3624. Lieue.
Lire.	3625. Lieutenant.
	3626. *Id.* colonel.
Livrer.	3631. Ligne.
	3632. Limite.
	3633. Limitrophe.
	3634. Linge.
	3635. Lisiblement.
	3636. Liste.
	3641. *Id.* d'appel.
	3642. Littéralement.
	3643. Livret.
	3644. Local.
Loger.	3645. Logement.
	3646. Loi.
	3651. Loin.
	3652. Long.
	3653. Longtemps.
	3654. Lors.
	3655. Lorsque.

Louer.	3656. Lourd. (Lui, à lui = 233).
Luire.	3661. Lumière.
	3662. Lundi.
	3663. L'un et l'autre.
	3664. Lune.

M.

	3665. Machine.
	3666. Magasin.
	4111. Mai.
Maintenir.	4112. Main.
	4113. Maintenant.
	4114. Maire.
	4115. Mairie.
	4116. Maison. (Mais = 234).
	4121. Maître.
	4122. Major.
	4123. Malade. (Mal = 235).
	4124. Maladie.
	4125. Mal-à-propos.
	4126. Malgré.
	4131. Malheur (-eusement).
Manger.	4132. Mamelon.
Manier.	4133. Manière.
Manœuvrer.	4134. Manœuvre.
	4135. Manutention.
Manquer.	4136. Marais.
Marcher.	4141. Marche.
	4142. Mardi.
	4143. Marécageux.
	4144. Maréchal.
	4145. Maréchal des logis.
Marquer.	4146. Marée.
	4151. Marine.
	4152. Marin.
Massacrer.	4153. Marmite.
	4154. Mars.

Masser.	4155. Masse.
	4156. Mât.
	4161. Matériaux.
	4162. Matériel.
	4163. Matin.
	4164. Matricule.
Se Méfier.	4165. Même (Me = 1).
	4166. Mer.
Mélanger.	4211. Mercredi.
Mêler.	4212. Message.
Menacer.	4213. Mètre.
	4214. Midi. (Mien, le mien, etc. = 236).
Ménager.	4215. Milieu (Mieux = 241)
Mener.	4216. Mine.
Mériter.	4221. Ministre.
Mesurer.	4222. Minuit.
Mettre.	4223. Mission.
Miner.	4224. Mitraille (Moi = 1).
	4225. Moment (Moins = 242)
Modérer.	4226. Monticule.
Modifier.	4231. Monument.
Monter.	4232. Mort.
Montrer.	4233. Mortellement.
Mourir.	4234. Mortier.
	4235. Mot.
Mouiller.	4236. Moulin.
	4241. Mouton.
	4242. Mouvement.
	4243. Moyen.
Multiplier.	4245. Mulet.
Munir.	4245. Munitions.
	4246. Municipalité.
	4251. Mur.
	4252. Musicien.
	4253. Musique.
Mutiler.	4254. Mutation.
	4255. Mutuel.

	4256. Mutuellement.
	4261. Myriamètre.
	N
Nager.	4262. Nage.
	4263. Nageur.
	4264. Narration.
	4225. Nature.
	4266. National.
	4311. Nation.
	4312. Nature.
	4313. Naufrage.
	4314. Naufragé.
Naviguer.	4315. Navigable.
	4316. Néanmoins.
Négliger.	4321. Nécessaire.
Négocier.	4322. Négociation.
	4323. Neige (Ne, ne pas, ne que = 244).
Neutraliser.	4324. Neutre.
Nier.	4325. Noir.
Nommer.	4326. Nom.
	4331. Nombre.
	4332. Nominatif.
	4333. Non plus (Non=246).
	4334. Non-seulement.
	4333. Nord.
Noter.	4336. Note.
Notifier.	4341. Notification.
	4342. Notoire (Notre, nos, etc. = 251).
Nouer.	4343. Nouveau.
Nourrir.	4344. Nouvelle.
Noyer.	4345. Novembre.
	4346. Nuisible.
Nuire.	4351. Nuit.
	4352. Nullement.
	4353. Numérique.
	4354. Numéro.

O.

Obéir.	4355. Obéissance.
	4356. Objet.
Obliger.	4361. Oblique (-ment).
Observer.	4362. Observation.
Obscurcir.	4363. Obstacle.
Obstiner.	4364. Obus.
Obtempérer.	4365. Obusier.
Obtenir.	4366. Occupation.
Occasionner.	4411. Octobre.
Occuper.	4412. Offensive.
	4413. Officiel.
	4414. Officier.
Offrir.	4415. Offre.
Omettre.	4416. Omission (On = 252).
Opérer.	4421. Opération.
Opposer.	4422. Opinion.
Opter.	4423. Ordinaire (Or = 253).
Ordonner.	4424. Ordonnance.
	4425. Officier d'ordonnance.
	4426. Ordre.
Organiser.	4431. Organisation.
Oser.	4432. Orge.
Oter.	4433. Ouest (Où, ou = 254).
	4435. Outrance.
Oublier.	4436. Outre.
Outrepasser.	4441. Ouvert.
	4442. Ouvertement.
Ouvrir.	4443. Ouverture.
	4444. Ouvrage.
	4445. Ouvrier.

P.

Pacifier.	4446. Page.
	4451. Paie.
	4452. Haute-paie.
	4453. Paiement.

	4454. Paille.
	4455. Pain.
	4456. Paire.
	4461. Paix.
	4462. Palissade.
Panser.	4463. Pansage.
	4454. Papier.
	4465. Paquet.
Paraître.	4466. Parade (Par = 256).
	4511. Paralllèle.
	4512. Parapet.
	4513. Parc.
	4514. Parc d'artillerie.
	4515. Parc de siège.
	4516. Parce que.
Parcourir.	4521. Parcours.
Pardonner.	4522. Parlementaire.
Parer.	4523. Parmi.
Parlementer.	4524. Parole.
Parler.	4525. Part.
Partager.	4526. Partage.
Participer.	4531. Parti.
	4532. Particulier.
Partir.	4533. Partie.
Parvenir.	4534. Partout (Pas = 256).
	4535. Pas.
Passer.	4536. Passage.
Laissez passer.	4541. Passager.
	4542. Passe.
	4543. Passe-port.
Patienter.	4544. Patrouille.
	4545. Pause.
Payer	4546. Payeur.
	4551. Pays.
	4552. Peine.
	4553. Peloton.
Peindre.	4554. Pendant.
Pénétrer.	4555. Pénétration.

Penser.	4556. Péril.
Percer.	4561. Période.
Perdre.	4562. Permanence.
Périr.	4563. Permis.
Permettre.	4564. Permission.
Persister.	4565. Personne.
	4566. Petit.
	4611. Peu à peu (Peu=261).
	4612. Peut-être.
	4613. Pièce.
	4614. Piège.
Piller.	4615. Pillard.
	4616. Piquet.
Placer.	4621. Place.
	4622. Plaine.
	4623. Plan.
	4624. Planton.
	4625. Plateau.
	4626. Plateforme.
	4631. Plein.
	4632. Plénipotentiaire.
Pleuvoir.	4633. Pluie.
	4634. Pluie (En cas de —).
Plier.	4635. Plupart.
Ployer.	4636. Plus.
	4641. Plusieurs.
	4642. Plus tôt.
	4643. Plutôt.
	4644. Pluvieux.
	4645. Point.
	4646. Pointage.
Pointer.	4651. Pointeur.
	4662. Pont.
	4653. Pont de bois.
	4654. Pont du chemin de fer.
	4655. Pontonniers.
Porter.	4656. Port.
	4661. Porte-drapeau.

	4662. Portion.
	4663. Position.
Posséder.	4664. Possession.
	4665. Possible.
Poster.	4666. Poste.
	5111. Avant-poste.
	5112. Poteau.
	5113. Poterne.
	5114. Poudre.
Pourchasser.	5115. Pour.
Poursuivre.	5116. Pourparler.
Pourvoir.	5121. Pourquoi.
Pousser.	5122. Pourvu que.
Pouvoir.	5123. Préalablement.
Pouvez-vous.	5124. Précaution.
Je ne peux pas.	5125. Précipitation.
Précéder.	5126. Préférence.
Précipiter.	5131. Préfet.
Préférer.	5132. Préjudice.
	5133. Préliminaire.
Prendre.	5134. Premier.
	5135. Premièrement.
Préparer.	5136. Préparatifs.
	5141. Près.
Présenter.	5142. Présence.
Préserver.	5143. Présent.
Prévoir.	5144. Presque.
Présumer.	5145. Prêt.
	5146. Prétexte.
Prévenir.	5151. Prévôt.
	5152. Principalement.
	5153. Printemps.
Prier.	5154. Pris.
	5155. Prise.
	5156. Prison.
	5161. Prisonnier.
Procurer.	5162. Profond.
Produire.	5163. Progressif (-vement).
Profiter.	5164. Projectile.
Promettre.	5165. Promptement.

Prononcer.	5166. Promptitude.
Proposer.	5211. Provision.
Protéger.	5212. Prudence.
Prouver.	5213. Puisque.
Provenir.	5214. Puits.
	Q.
	5215. Quai.
	5216. Qualité.
	5221. Quand.
	5222. Quant à.
	5223. Quantité.
	5224. Quart.
	5225. Quart-d'heure.
	5226. Quartier.
	5231. Quatorzième, -ment.
	5232. Quatrième, -ment.
	5233. Quelconque. (Que = 262).
Quelle heure est-il?	5224. Quelque. (Quel, quelle, etc. = 263.
	5225. Quelquefois.
	5226. Quelqu'un.
Questionner.	5231. Question.
	5232. Queue.
	5233. Qui.
	5234. Qui que ce soit.
Quitter.	5235. Quiconque.
	5236. Quinzième, -ment.
	5241. Quoi.
	5242 Quoi que ce soit.
	5243. Quoique.
	5244. Quotité.
	R.
Rabattre.	5243. Rade.
Racheter.	5246. Radeau.
Raffermir.	5251. Radiation.
Ralentir.	5252. Raison.
Rallier.	5253. Ralliement.

Se Rallier.
Ramener.
Rançonner.
Ranger.
Rappeler.
Faites Rappeler.
Rapporter.
Rapprocher.
Rassembler.
Ravager.
Réaliser.
Rebrousser.
Recevoir.
Recharger.
Rechercher.
Récolter.
Recommander.
Recommencer.
Récompenser.
Recomposer.
Reconnaître.
Reconquérir.
Reconstruire.
Recourir.
Rectifier.
Recueillir.
Reculer.
Réduire.
Se Réfugier.
Refuser.
Regagner.
Regarder.
Rejeter.
Rejoindre.
Relâcher.
Relever.
Relier.
Remarquer.
Rembarquer.
Remettre.

5254. Rapide, (-ment).
5255. Rappel.
5256. Rapport.
5261. Rassemblement.
5262. Râtelier.
5263. Ration.
5264. Ravin.
5265. Rebellion.
5266. Récapituler.
5311. Réception.
5312. Recherche.
5313. Réclamation.
5314. Récompense.
5315. Reconnaissance.
5316. Recours.
5321. Recrue.
5232. Redan.
5323. Redoute.
5324. Réduction.
5325. Réduit.
5326. Refus.
5331. Régiment.
5332. Réglement.
5333. Régulier.
5334. Relâche.
5335. Relatif, (-vement).
5336. Remarque.
5341. Remblai.
5342. Remorque.
5343. Rempart
5344. Rencontre.
5345. Rendez-vous.
5346. Renfort.
5351. Renseignement.
5352. Renvoi.
5353. Réponse.
5354. Répression.
5355. Réserve.
5356. Résistance.
5361. Résolution.

Remorquer.	5362.	Résultat.
Remplacer.	5363.	Retard.
Remplir.	5364.	Retraite.
Rencontrer.	5365.	Revêtement.
Rendre.	5366.	Revue.
Renfermer.	5411.	Rive. (Rien = 264).
Rentrer.	5412.	Rivière.
Renverser.	5413.	Riz.
Renvoyer.	5414.	Ronde.
Répéter.	5415.	Ronde-major.
Répondre.	5416.	Rouge.
Résister.	5421.	Route.
Rester.	5422.	Rue.
Retourner.	5423.	Ruse.
Revenir.	5424.	Ruse de guerre.

S.

	5425.	Sabord.
Sabrer.	5426.	Sabre.
Saccager.	5431.	Sac.
Saisir.	5432.	Saison.
	5433.	Salle.
	5434.	Samedi.
	5435.	Sans.
Saper.	5436.	Sape.
	5441.	Sapin.
Sauter.	5442.	Saucisson.
Sauver.	5443.	Sauf.
Savoir.	5444.	Sauf conduit.
Je ne sais pas.	5445.	Sauvetage.
Seconder.	5446.	Secours.
Secourir.	5451.	Secrètement.
	5452.	Section.
Séjourner.	5453.	Séjour.
Seller.	5454.	Selle.
Semble.	5455.	Selon.
Il me semble que, etc.	5456.	Semaine.
Sentir.	5461.	Semestre.
	5462.	Sentinelle.
Séparer.	5463.	Séparément.

	5464. Septembre.
Serrer.	5465. Sergent.
	5466. *Id.* -major.
Servir.	5511. Servant.
	5512. Service.
	5513. Seul, -ment.
	5514. Siège. (Si = 265).
	5515. Sien, (le) Sienne, (la).
Signaler.	5516. Signalement.
Signer.	5521. Signature.
Signifier.	5522. Signal.
Simuler.	5523. Simulacre.
Situer.	5524. Situation.
	5525. Soir.
	5526. Soin.
	5531. Soit.
	5532 Soldat.
Solder.	5533. Solde.
Sonder.	5534. Son.
Songer.	5535. De Sorte que.
Sonner.	5536. Sortie.
Sortir.	5541. Soupçon.
Souffrir.	5542. Soupe.
Soulager.	5543. Sous.
Soulever.	5544. Sous-lieutenant.
Soumettre.	5545. Sous-entendu.
Soupçonner.	5546. Souvent.
Souscrire.	5551. Spécial, (-ment).
Soustraire.	5552. Station.
Soutenir.	5553. Subdivision.
Se Soutenir.	5554. Subsistance.
Spécifier.	5555. Succès.
Stationner.	5556. Successif, (-vement).
Subsister.	5561. Sucre.
Substituer.	5562. Sud.
Succéder.	5563. Suffisant.
Succomber.	5564. Suite.
Suivre.	5565. Suivant.
Supporter.	5566. Supérieur.
Supposer.	5611. Sûr. (Sur = 263).

Surmonter.	5612. Sûreté.
Surprendre.	5613. Surprise.
	5614. Surtout.
Surveiller.	5615. Surveillance.
Suspendre.	5616. Suspension.
	5621. Suspension d'armes.
	5622. Système.
	T.
Tâcher.	5623. Tablier du pont.
Tailler.	5624. Taillis.
Taire.	5625. Talus.
	5626. Tambour.
	5631. *Id.* major.
	5632. Tandis que.
	5633. Tant.
	5634. Tantôt.
Tarder.	5635. Tard.
	5636. Tel.
	5641. Télégraphe.
	5642. Tellement.
	5643. Témoin.
	5644. Temps.
Tenir.	5645. Tenue.
Tenter.	5646. Terrain.
Terminer.	5651. Tête.
	5652. Tête de pont.
	5653. Théorie.
	5654. Tillac.
Tirailler.	5655. Tirailleurs.
Tirer.	5656. Tireur.
	5661. Tocsin.
Tomber.	5662. Tort.
	5663. Tonneau.
Tourner.	5664. Torches.
	5665. Tôt.
	5666. Toujours.
	6111. Tour.
	6112. Tout.
Tracer.	6113. Train.

	6114. Avant-train.
Trahir.	6115. Train des équipages.
Traîner.	6116. Tranchée.
Traiter.	6121. Transport.
Trancher.	6122. Travail.
Transporter.	6123. Travers, (à-).
Travailler.	6124. Traverse.
Traverser.	6125. Très.
	6126. Trésor.
	6131. Trésorier.
	6132. Tribord.
Tripler.	6133. Tribu.
	6134. Tribut.
	6135. Trimestre.
Tromper.	6136. Trompette.
	6141. Trop.
	6142. Trot.
Trouver.	6143. Trous, (-de loup).
Tuer.	6144. Troupe.
	6145. Troupeau.

U.

	6146. Uniforme.
Unir.	6151. Union.
	6152. Urgence.
User.	6153. Usage.
Usurper.	6154. Utile.
Utiliser.	6155. Utilité.

V.

	6156. Vaguemestre.
Vaincre.	6161. Vainqueur.
Valoir.	6162. Vaisseau.
Il vaut mieux, etc.	6163. Vaseux.
	6164. Le terrain est vaseux.
Varier.	6165. Veille.
Veiller.	6166. Vendredi.
	6211. Vent.
Vendre.	6212. Vente.
Venir.	6213. Ventre.

	6214. A plat ventre.
	6215. Verbal.
	6216. Verbalement.
	6221. Vergue.
Vérifier.	6222. Vérification.
	6223. Véritable.
	6224. Vérité.
Verser.	6225. Vers.
	6226. Vert.
Vètir.	6231. Vêtement.
	6232. Victime.
	6233. Victoire.
	6234. Victorieux.
Vider.	6235. Vide.
Virer.	6236. Vie.
	6241. Vieux, vieille.
	6242. Vif, vive.
	6243. Vigueur.
	6244. Vigoureusement.
	6245. Vigilant.
	6246. Vigilence.
	6251. Ville.
	6252. Vin.
Viser.	6253. Vingtième.
Visiter.	6254. Visite.
	6255. Le docteur passera la visite à.
	6256. Vite.
Vivre.	6261. Vitesse.
	6262. Voici.
Voir.	6263. Voilà.
Je ne vois pas bien.	6264. Voile.
	6265. Mettez à la voile.
Pouvez-vous voir mes signaux.	6266. Voisin.
	6311. Voiture.
	6312. Voix.
	6313. Volontaire.
	6314. Volte-face.
Vouloir.	6315. Voltigeurs.

Que voulez-vous?	6316. Voûte.
	(Votre, vos, etc. =266)
Voyager.	6321. Voyage.
	6322. Vrai.
	6323. Vraiment.
	6324. Vue.

Y.

6325. Yeux.

Z.

6326. Zèle.

Nota. Les nombres suivants qui complètent jusqu'à 6666 la série des nombres de quatre chiffres, peuvent être employés à exprimer des phrases ou des dépêches d'un fréquent usage.

FIN DU VOCABULAIRE.

PARIS.— Typographie de Beaulé, rue Jacques-de-Brosse, 58

OUVRAGES DU MÊME AUTEUR

SOUS PRESSE :

Aide-Mémoire théorique et pratique d'Escrime à l'épée.

Manuel théorique et pratique d'Escrime à la baïonnette.

Paris. — Typographie Beaulé, rue Jacques-de-Brosse, 10.

www.ingramcontent.com/pod-product-compliance
Lightning Source LLC
LaVergne TN
LVHW020041170826
845678LV00001B/365

* 9 7 8 2 3 2 9 6 9 2 5 8 6 *